AR PTS: 0.5

¿Qué puede?

¿Qué puede excavar?

Patricia Whitehouse

Traducción de Patricia Abello

Heinemann Library

Chicago, Illinois

Customer Service 888-454-2279
Visit our website at www.heinemannlibrary.com

Designed by Sue Emerson, Heinemann Library; Page layout by Que-Net Media™
Printed and bound in the U.S.A. by Lake Book Manufacturing
Photo research by Bill Broyles

08 07 06 05 04
10 9 8 7 6 5 4 3 2 1

Library of Congress Cataloging-in-Publication Data
Whitehouse, Patricia, 1958-
  [What can dig? Spanish]
  ¿Qué puede excavarse?/Patricia Whitehouse; traducción de Patricia Abello.
    p. cm. – (Qué puede?)
  Includes index.
  ISBN 1-4034-4389-0 (HC) – ISBN 1-4034-4396-3 (pbk.)
1. Excavating machinery—Juvenile literature. I. Ttle.
TA732.W4818 2003
624.1'52—dc21

2003051074

Acknowledgments
The author and publishers are grateful to the following for permission to reproduce copyright material:
p. 4 Creatas; pp. 5, 18 Stephen J. Krasemann/DRK Photo; p. 6 Adam Jones/Visuals Unlimited; p. 7 Joe McDonald/Corbis; p. 8 Kevin Schafer/Corbis; p. 9 John Sohlden/Visuals Unlimited; p. 10 Amy Wiley/Wales/Index Stock Imagery; p. 11 John Winnie, Jr./DRK Photo; pp. 12, 17 Jeff Foott/DRK Photo; p. 13 Mark Newman/Visuals Unlimited; p. 14 Dwight Kuhn; p. 15 Anthony Bannister/Gallo Images/Corbis; p. 16 Ken Lucas/Visuals Unlimited; p. 19 Science VU/FNL/Visuals Unlimited; p. 20 P. Hershkowitz/Bruce Coleman Inc.; p. 21 Peter Christopher/Masterfile; p. 22 (row 1, L-R) Kevin R. Morris/Corbis, Mark Newman/Visuals Unlimited; (row 2, L-R) Corbis, Ken Lucas/Visuals Unlimited; p. 23 (row 1, L-R) Stephen J. Krasemann/DRK Photo, Joe McDonald/Corbis, Dwight Kuhn; (row 2, L-R) Peter Christopher/Masterfile, Anthony Bannister/Gallo Images/Corbis, Larry Lipsky/DRK Photo; (row 3, L-R) Jeff Foott/DRK Photo, Science VU/FNL/Visuals Unlimited; p. 24 (row 1, L-R) Mark Newman/Visuals Unlimited, Corbis, Ken Lucas/Visuals Unlimited; (row 2) Kevin R. Morris/Corbis; back cover (L-R) John Sohlden/Visuals Unlimited, Stephen J. Krasemann/DRK Photo

Cover photograph by Kevin Schafer/Corbis

Special thanks to our advisory panel for their help in the preparation of this book:

Anita Constantino
Literacy Specialist
Irving, TX

Leah Radinsky
Bilingual Teacher
Chicago, IL

Aurora García
Reading Specialist
San Antonio, TX

Ursula Sexton
Researcher, WestEd
San Ramon, CA

Unas palabras están en negrita, **así.**
Las encontrarás en el glosario en fotos de la página 23.

Contenido

¿Qué es excavar?

Excavar es abrir un hueco.

Hay criaturas que excavan huecos para esconderse.

Otras excavan para hacer viviendas o **nidos.**

¿Cómo excavan los seres vivos?

Unos seres vivos usan herramientas para excavar.

Este chimpancé excava con un palo para buscar hormigas.

Otros seres vivos usan partes
del cuerpo para excavar.

Esta **rata canguro** excava con
las pezuñas.

¿Pueden excavar los animales pequeños?

Hay animales pequeños que excavan.

Las zorras excavan con las pezuñas para buscar comida.

Los topos son animales pequeños
que excavan.

Usan sus grandes pezuñas de adelante
para excavar huecos en la tierra.

¿Pueden excavar los animales grandes?

Los perros son animales grandes que excavan.

Excavan para esconder comida.

Los osos son animales grandes
que excavan.

Excavan para buscar **raíces**
que comer.

¿Pueden excavar los peces?

Algunos peces pueden excavar.

Los **peces gruñones** tuercen el cuerpo en la arena para excavar.

Algunos salmones pueden excavar.

Usan la cola para excavar y hacer un **nido** para sus huevos.

¿Se puede excavar con la boca?

Las lombrices excavan con la boca.

Al arrastrarse, van comiendo tierra.

mandíbulas

Las hormigas excavan con unas partes especiales de la boca.

Estas partes se llaman **mandíbulas**.

¿Se puede excavar con las patas?

pata

Las **almejas** tienen una pata.

La usan para excavar en el barro del fondo del mar.

Las **tortugas del desierto** excavan con las patas delanteras.

Hacen unos huecos llamados madrigueras para refrescarse del sol.

¿Pueden excavar las máquinas?

La **grúa excavadora** es una máquina que excava.

Saca tierra del suelo.

Este **taladro gigante** excava debajo del suelo.

Hace **túneles** subterráneos para carros.

¿Pueden excavar las personas?

Las personas pueden excavar con las manos.

Estos niños excavan en la arena.

Las personas también usan máquinas que les ayudan a excavar.

Este hombre usa una máquina para excavar **carbón**.

Prueba

¿Cuáles de éstos pueden excavar?

¡Búscalos en el libro!

Glosario en fotos

grúa excavadora
página 18

rata canguro
página 7

raíces
página 11

carbón
página 21

mandíbulas
página 15

túnel
página 19

pez gruñón
página 12

nido
páginas 5, 13

taladro gigante
página 19

Nota a padres y maestros

Leer para buscar información es un aspecto importante del desarrollo de la lectoescritura. El aprendizaje empieza con una pregunta. Si usted alienta a los niños a hacerse preguntas sobre el mundo que los rodea, los ayudará a verse como investigadores. Cada capítulo de este libro empieza con una pregunta que ayuda a categorizar los tipos de cosas y criaturas que excavan. Lean la pregunta juntos y miren las fotos. ¿Qué más se puede incluir en cada categoría? Comenten dónde pueden buscar las respuestas. Ayude a los niños a usar el glosario en fotos y el índice para practicar nuevas destrezas de vocabulario y de investigación.

Índice

Respuestas de la página 22

El salmón, las personas y las almejas pueden excavar.

Algunas máquinas pueden excavar, pero las personas las hacen funcionar.